I0766475